JN410445

오후 두 시를 건너가는 비

송향란 시집

문학의전당 시인선
0270

오후 두 시를 건너가는 비

송향란 시집

문학의전당

시인의 말

쓸쓸하고 아득하다.

어루만질 수 없는 깊은 슬픔이
화려한 떨림의 시간이
나를 이끌어주지 않았다면
여기까지 올 수 없었을 것이다.

당신의 가슴에
한 방울 쉼표로 스며들기를……

2017년 10월
송향란

차례

제2부

제3부

제4부

제1부

장미가 피어 있다

장미가 빈 의자에 앉아 피 흘리는 장미를 보고 있다 의자의 한쪽이 삐걱거린다 삐걱거리는 풍경을 바라보는 산발한 장미는 몸을 간질인다 술에 취한 누군가 고함을 지르며 거리를 가로질러 간다 비명을 지른다 늦은 오후가 비명 소리 밖으로 흘러 다닌다 몸이 가려운 봄이다 콜록거리는 어느 날은 바람이 불고 어느 날은 왼쪽 가슴으로 비가 내린다 아우성치는 비의 악다구니를 따라 간다 우산 속 시간은 보이지 않는다 비의 칼날에 베인 장미들이 쉴 새 없이 비의 노래를 부르고 있다 수천수만의 장미들이 빗속에 피어 있다 핏빛 장미들이 일제히 아우성을 치고 있다

골목세탁소

그 작은 간판 아무도 기억하지 않는다
서동에서 범내골 넘어가는 골목어귀
오랜 세월 멈춰 선 시곗바늘처럼 늘 그 자리에 서 있는
한낮에도 반쯤 꺾인 햇살 고여 있는 창 너머
때 절은 시간이 거미줄처럼 걸려 있다
낮은 담벼락 둘러친 찢겨져 나간 벽보
덧난 상처처럼 번져 간다
나뭇잎 배처럼 떠돌던 사람들
휘어진 골목 안으로 흘러든다
끝없는 폐허의 숲을 지나온,
살아가면서 구겨지고 뭉개진 것들
날마다 찾아들어 끈질기게 붙어 있는 먼지
떨쳐내기 위해 몸살 앓는다
통증 털어낸 솔기마다 달아오른 다리미
뜨거운 입김을 뿜어낸다
반듯하게 다려진 옷들
서둘러 길 떠날 때까지
순한 양처럼 길가에 내걸려

허공을 끌어당긴다
페인트칠 떨어져 나간 간판 아래
무언가 말하려다 입 다문 유리창 붉은 글씨들
쓸쓸한 골목 끝 오래도록 지켜본다

꽃

당신의 심장을 빠져나온 뜨거운 말이 궁금하다
깊이 잠복해 있는 첫, 이라는 단어가 무심하게 스쳐간다

구불거리는 먼 기억 속,
부려놓은 눈뜬 고요가 침묵을 밀어낸다

내 몸속으로
불을 머금은 눈빛이 쏟아져 들어온다
기웃거리는 입술의 바깥쪽이 어둡다

빈 찻잔에 마지막 언어, 실종된 어제는 보이지 않는다

흔들리는 마음 저편, 경계는 무너져 간다

나를 읽고 있는

발 시린
탐색은 아직도 진행 중이다

붉은 기억

하루 종일 사각의 링에 갇혀 있는 사내, 핸들이 그 사내를 끌고 간다 펀치를 날릴 일은 없다 링 안은 현기증을 앓는 사람들로 붐비고 그는 늘 배가 고프다 간혹 난폭한 주먹이 있지만 피 튀기는 결투는 없다 꽃피는 사월, 검은 아스팔트 위로 문을 연 꽃들이 뛰쳐나와 비명을 지른다 속도는 가끔 길과 충돌한다 충돌 직전의 아찔함은 길을 잃어버리게 한다 내 안의 속도는 가늠할 수 없다 가속도가 붙을 때 풍경은 휘청거린다 붉은 신호등 앞 헤드라이트 불빛은 맨발의 기억을 버리고 목청을 높인다 그는 꼼짝없이 소용돌이에 갇힌다 한껏 부풀어 오른 바퀴에 꽃이 핀다

장미 인터넷

농원 담장 너머로 붉은
한 떼의 장미들이
우르르 쏟아져 나온다
시들지 않는,
진동하는 향기 속을 빠져나온 장미들
풍경의 끝은 까마득히 사라진다
깊은 눈빛으로
날마다 발기하는 장미들이
부화한 시간을 가르며
짓무른 욕망을 기웃거린다
멀어져 가는
껍질 벗지 못한 말들,
이쪽과 저쪽의 경계를 허물며
허공에 떠다닌다
발목 꺾인 장미들은
산발한 채 구부러진 길을 따라 간다
장미로 열고 닫는 세상
신들린 장미는 보이지 않는다

장미 한 송이
가슴에 꽂는다
길을 잃은 가시들이
여기저기서
나를 찌른다

부곡 정비소

구불거리는 바퀴 자국을 따라갔다
버려진 폐타이어가 창백한 얼굴로
나를 맞아주었다 더는 가까이 다가갈 수 없는
녹슨 고철더미를 헤집으며 지나간
횡단보도에 잠시 황색등이 켜졌다
걸음을 멈추기까지 길을 묻던 사람들은
진흙 속을 마구 휘젓고 다녔다
경적 소리는 이미 먼지처럼 떨어져 나가
어디론가 날아가 버린 지 오래
속도를 멈춘 차들은 숨죽인 채
웅크리고 있었다 채찍질하던 햇살이
내 그림자를 밟으며 따라왔다
온기를 품은 봄날이
얼어붙은 기억들을 풀어내듯
종일 거리를 휘감던 엔진의 신음 소리가
길바닥에 무너져 내렸다
긴 그림자 끌고 발자국 위를 흘러 다니던
소음과 소음 사이 제 몸 열어

붉은 점멸등 켠 차들은 다 어디로 가고
저물녘 정비소를 배경으로
쪼그리고 앉았던 민들레가
눈을 깜박이는 것을 보았다

벽지

해바라기가 피어 있다
방 안 가득 황금 풍선이 떠 있다

끊임없이 해바라기를 토해내는 고흐, 노란 시간이 그의 심장을 뚫고 들어간다 질긴 그림자가 방 밖으로 쏟아진다

부풀어 오른 창에 매달려 나는 방 안을 훔쳐본다 집어등처럼 불 밝힌 해바라기들이 걸어 나온다 긴 행렬이 부지런하다

낡은 앨범 속으로 한 사내가 걸어 들어간다 아우성치는 해바라기들이 내 목을 꺾으며 하얗게 일어선다 방을 빠져나간 고흐는 보이지 않는다

창 너머 풍경 속 풍경을 바라보는 나도 빠져나간다

나를 흔들어 깨우는 세상에 몸을 섞는다

CCTV

우연한 그림자가 붐비는 거리 곳곳, 야행성 짐승들이 몸을 열어 쫓기듯 내몰리는 그림자를 거침없이 먹어치운다 침묵하는 거대한 잡식성 동물이다 그는 늘 당당하다 밤의 고요를 베어 먹는 동안 상처 입은 꽃들이 무더기로 쓰러진다 깊은 어둠을 휘저으며 검은 눈동자를 굴리는 그에게 지루한 기다림은 없다 조금씩 깊어지는 적막은 어두운 발자국 소리를 끌고 온다 깨진 풍경을 빨아들이는 그는 살아있는 포식자이다 눈먼 꽃들은 함몰되었다

가벼운 휴식

풍경을 따라
천천히 움직이는 풍경들

푸릇한 눈빛이 스쳐간 유모차에 무수한 고요가 번져간다 은밀하게 감춰진, 울음이 가득 찬 고요는 견고하다

기억할 수 없는 길의 안부를 물으며 끊임없이 굴러갔을 저 바퀴, 더 이상 나아갈 수 없다는 듯 웅크리고 있다 몇 갈래의 길을 삼켜버린 빳빳한 기호들이 지루한 슬픔을 토해낸다

투명한 탁자 위로 불을 먹은 햇볕이 떨어져 내린다
붉은 덧니를 드러내는 눈빛,
싸늘하다

난삽한 시간을 휘저으며 터질 듯 부서져 내리는 불붙은 파편이 튄다

삐걱거리는 불볕 여름이 낡은 유모차의 휴식을 쓰다듬는

다 거침없는 통증이 가벼운 휴식을 빠져나간다

풍경을 걷어내며
풍경 속 풍경을 찾아 길 떠나는

울음을 그친 유모차 몇 대가 우두커니 서 있다

가시가 있는 풍경

생선구이 식당에 간다
한물간 생을 껴안고
알몸으로 고해성사 하듯
연탄 화덕 위에 드러누운 고등어
밤새 어느 바다를 달려왔는지
비린 냄새가 타오르는 창턱에 걸려 있다
거친 바다를 거슬러 온
제 몸속에 박힌 무수한 가시들
제 몸 열어
뽑아내기까지 얼마나 많은 시간을
흘려보내야 하는지,
마른 시간을 지나
그동안 내가 박은 가시는
길을 잃고 어디에 박혀 있는지,
석쇠 위에서 지글지글
제 몸을 태우는 동안
미처 여미지 못한 슬픔을
툭툭 털며 걸어 나오는

저 고등어의 무심한 꿈틀거림,
부풀어 오른 물집들이
여기저기 비명을 지르며
사각의 식탁을 누른다
빈 접시 위로
수평선 너머 걸려 있던
파도와 해일이
뜨겁게 무너져 내린다

빚

은행에 간다 붐비는 창구는 나에게 붉은 신호를 보낸다 나는 슬그머니 숫자들의 잔치판에 끼어든다 단단한 껍질만 남은 통장이 낮은 목소리로 중얼거린다 나의 시신경은 환한 기억들이 멀어져간 창구에서 길을 찾고 있다 기다림을 움켜쥔 마이너스 통장에 붉은빛이 꽃처럼 피어난다 은행에서 돌아와 피고 지는 꽃을 생각해본다 마음의 가시를 달고 내달렸던 시간들, 깊이를 알 수 없는 진통이다 뽑아야 할 가시들은 여기저기 널려 있다 모든 통장에는 플러스가 없다 조금씩 금이 가는 유리창처럼 나는 불안하다 마음대로 줄여지지 않는, 보이지도 않는 꽃을 피우느라고 내 통장은 지금도 온실 속이다

파지

방 안 가득 파지들이 쌓여 있다 밤새 내 몸을 빠져나온 핏빛 시간들이 겹겹이 쌓여 있다 부서지고 내팽개쳐진 내 그림자를 이끌고 사정없이 나를 찌른다 수천 개의 입들이 검은 기억을 쏟아낸다 기억은 기억끼리 밀물져 물결처럼 흔들린다 나는 분리수거장으로 간다 분리수거 된 내 몰골이 여기요 여기요 하면서 팔을 치켜든다 나는 그 몰골을 집어 들고 고인 어둠이 번져가는 유리창에 기대선다 잠결 너머 차가운 시간에 갇힌 문장들이 발화를 꿈꾼다 노랗게 익은 밤이 내 속에서 울컥울컥 파지를 토해낸다

풍경에 기대어

그가 걸어갔다 순식간에 사라지는 기억은 얼음벽에 미끄러져 내렸다

깨진 유리창으로
투명하지만
낯선 풍경이 보였다

텅 빈
그림자를 지우며
거대한 암벽이 쓰러져 있다

아무도 보이지 않았다

깊이 가라앉은 풍경,
풍경 밖의 풍경은 길을 잃었다

간간이 붉은 신호등이 켜지고,
잃어버린 기억이 검은 발자국을 따라 흘러갔다

오래전에 숨진 말들은 어둠에 갇혀버렸다

블라인드 창에 그믐달이 걸려 있다

울퉁불퉁한 풍경 속으로
그가 사라졌다

검은 건반

낡은 피아노는 고요하다
격렬한 태풍 속을 흘러 다니던
무수한 소리들이 글썽이는 불빛을 따라
어둠 속에 숨죽이고 있다
거친 울음을 내뱉던 노동은 끝났다
둥근 소리들이 서성인 지 오래
긴 그림자 드리운 추억이
음습한 거미의 길을 따라 빙벽에 선다
끊임없이 깊은 숨 끌어올리며
흐느끼던 검은 건반들
두근거리는 풍경들을 조금씩 지우고 있다
슈만도 베토벤도 질주를 멈춘
회색빛 농익은 소리들이 어둠에 묻혀
부표처럼 적막을 달래고 있다
화려한 불협화음을 떠메고 날아오르던
축축한 날들
들썩이는 벽을 따라 흘러내린다
출구를 찾지 못해 몸부림치는

슬픔을 밀어내던 내 안의 음표
깊은 늪에 잠겨 있다

암전

어제를 잊은 내가
깨진 유리창 속으로 들어간다

거대한 벽이 녹아내리고
젖은 눈은 계속해서 내린다

하얀 시간 속을 배회하던
붉은 언어는
나를 점점 지우고 있다

막무가내 내 속을 들락거리는
표정도 없는
내 숨통을 쥐어짜는 시간이
자꾸 증발하고 있다

깨진 유리창 안을 기웃거린다
수상한 기억이 흘러나와
벽 없는 집 앞에서

사라져버린다

나를 가두었던 시간이
어둡게 물들어간다

오후 두 시를 건너가는 비

닫힌 유리창 안에서 여자가 목이 쉰 빗줄기를 바라본다 수심에 묶인 발자국을 따라가던 오래된 말들은 창을 넘지 못한다 지나가는 풍경도 걸려 있다 창밖 플라스틱 의자에 기다리던 꽃이 피어난다 꽃은 여자를 에워싼다 시간 밖으로 피는 것은 아무것도 없다 오후 두 시를 건너가는 비, 잠시 나른한 허공을 휘젓는다 삐걱거리던 소리들이 천천히 사라진다 점점 부풀어 오르는 말, 휘청거리는 물방울들이 튀어 오른다 우산 위로 우산이 쓰러진다 수소문할 수 없는 말들이 한꺼번에 쏟아져 나온다 빗속으로 스며드는 그녀의 수다는 계속된다 나는 나를 지우며 어느새 비를 좇아가고 있다 끊임없이 지쳐가는 비, 비의 행간

제2부

두 개의 달

달을 품은 붉은 꽃들이
흔들리는 세상 속으로 들어간다
흐릿한 풍경 속
계단은 지루한 침묵에 잠겨 있다
엉킨 시간을 밟으며 지루한 달빛이
쓰러지듯 무너져 내린다
사내는 하루 종일 달을 만지고 있다
달아오른 눈동자가
유리창 안과 밖을 넘나드는 동안
차가운 사랑은 계속된다
언 날개를 퍼덕이던 기억들이
창밖 고요를 무심히 바라본다
그림자가 줄줄 흘러내리는 밤
돌아오지 않는 희미한 달빛
하얗게 지나온 길을 달래고 있다
낙타가 된 사내,
두 개의 달을 껴안고
상처 난 풍경을 쓰다듬는다

글의 감옥에 갇히다

굳게 닫힌 문 앞에서
그는 종일 붉은 피켓을 들고 서 있다
침묵하는 거대한 바위처럼
온몸으로 압도하는
저 완고한 고집
난해한 속을 내보이지 않는
꿋꿋이 입 다문
단단한 성(城)이다
누구도 건드릴 수 없는
요지부동의 자세,
차가운 반응에
삭제키를 누르면
모니터 속 뛰어놀던 문장들이
강렬한 눈빛 속으로 사라진다
은밀한 속살처럼 저장된 파일들
수심에 젖은
낯선 시간을 지우고 있다
일방통행만 고집하는

그에게 나는 번번이 무릎을 꿇는다
몇 겹의 햇볕을 두른 오후가
바싹 달궈져 있다
먼 슬픔처럼 깊어지는 고요,
지상엔 아무도 보이지 않는다

그늘

낡은 리어카에 매달린 여자가
시간을 토해낸다

끊어질 듯 내려앉은
평생을 움켜쥔 그늘

단단한 기억을 껴안은
울음은 느리게 지나간다

기울어진 놀빛 아래
일어서는 바퀴들
아릿하다

비릿한 어둠을 지고
맨발로 걸어오는 저녁

사막을 건너온 길의 흔적이
고요하다

시간에 갇힌 여자가

주름살을 지우고 있다

고양이 한 마리가 날아올랐다

밤이 흰 벽에 갇혀 있다 달이 부풀어가는 하얀 밤이다 검은 구름은 허공을 밀며 맹렬한 속도로 달려갔다 끊어진 길 위, 표류하던 어둠이 방향을 모르고 갈팡질팡하고 있다 지루한 기다림의 시간은 끝났다 두 개의 밤이 어울려 놀고 있는 공복의 시간, 어둠에 묻힌 흔적들은 깨어나지 않는다 어둠을 가로지르며 검은 고양이 한 마리가 날아올랐다 꽁꽁 묶인 비상구는 하얗게 질렸다 딱딱한 밤의 창에 걸려 있는 숨죽인 소음들, 어둠에 갇혀 뭉개진 꽃들이 여기저기 쓰러져 있다

잠을 찾아

누군가 훔쳐간 잠의 뿌리를 찾아 뒤척거렸다
설익은 그늘을 휘젓고 다니는
내 몸속 장기투숙자
계절을 잃어버린 꽃처럼
어리둥절한 시간에 몸을 기대면
생각의 뿌리만 여기저기 알을 깐다
거대한 늪에 허우적거리는
내 발목을 잡고
사정없이 침잠하는,
빈방의 깊이를 거칠게 흔든다
검은 장막 속 흔적을 남기지 않는
그는 교활한 여우다
버둥거릴수록 조금씩 지쳐가는 눈꺼풀 위로
지울 수 없는 허공만 쌓여가고
탈옥을 꿈꾸는 불안한 눈동자는
순식간에 유리창을 깨고 뛰쳐나간다
멀리서 불면증을 앓는 새벽이
흰 꽃을 매달고 무더기로 달려온다

어떤 꽃

면류관처럼 머리에 가시를 얹은 꽃이
벽에 갇혀 있다
멀리 있는 바깥이 궁금한 꽃은
문 너머 문을 향해
폭발을 꿈꾸는 은밀한 지옥이다
달아오른 풍경 속으로 꽃은
파편에 찍힌 듯 여기저기 박혀 있다
마르지 않는 통증은
마르지 않는 통증끼리 부딪친다
차가운 꽃은 굴러
어디론가 떨어져 내리고
굴러가는 꽃은
가시덤불을 끌고 간다
휘청거리는 눈빛이 지나가는 정오
싱싱한 울음이 장미 가시에 찍혀
피를 쏟아낸다
하얗게 질린 시간에 매달려 나는
폭발을 기다린다

벽 속에서 붉은 꽃을 꺼내
창밖으로 내던진다
꽃들이 순식간에 폭발한다
나는 화상을 입은 파충류가 되어
거대한 벽 틈에서 꾸물거린다

컵이 있는 저녁

탁자 위로 컵이 쏟아진다 끈적거리는 시간이 지나간 흔적들, 컵은 비어 있다 낡은 벤치를 기웃거리는 바람 소리가 깊다 나는 너의 손 안에 있고 너의 손은 보이지 않는다 갈색 포트 위로 끓어 넘칠 듯 달아나지 못한 불안이 엎질러져 있다 우울증 앓는 얼룩의 시간이 쓰러져 있다 어둠이 쇼윈도 검은 불빛을 따라 흘러내리는 아무도 오지 않는 저녁, 무심한 시선을 따라가는 내가 보인다 어느새 컵은 사라지고, 멀리 커피전문점 간판이 떨고 있다

통증이 지나간다

통증이 지나간다 눈 부릅뜬 통증이 지나간다 내 몸을 휘저으며 거침없이 지나간다 비린 안쪽, 두터운 어둠을 읽고 있는 통증이 보인다 나는 포위되었다 쏟아지는 빛이 흐느적거리며 떠다닌다 통증이 지나간다 흘러가는 풍경을 묶어 몸속으로 밀어 넣는다 나를 휘감고 있는 배후가 궁금하다 통증의 탐색은 계속된다 수심에 찬 실핏줄이 흐트러져 있다 나를 덮치던 풍경은 사라졌다 언덕 너머 몸을 풀던 안개꽃이 무더기로 일어선다

커튼이 있는 창

겨울 창에 커튼을 친다
몇 겹의 차가운 시간이 빠르게 지나간다

기울어진 그늘을 핥고 있는 고양이
부서지는 암갈색 눈빛이 깊다
어떤 풍경도 붙잡지 못하는
시간의 표정은 얼어붙어 있다

불안한,
눈먼 고요는 닫힌 상자처럼 입을 다문다
소리 없는 말들이
열리지 않는 창에 뛰어든다
웅성거리는 그림자,
경계 넘은 울음 저편이 아득하다
창은 창에 등을 기대고 선다

시린 시간 너머 무성한 발자국들이
신음하는 붉은 풍경에 갇혀 있다

서로를 겨누며 울부짖는
날선 시간들

나와 너의 발자국이 검은 숲에 꽂힌다

깊은 숲

유효기간 지난 낡은 비디오테이프
혼자 느슨하게 돌아간다
무성영화처럼 음지로만 떠도는
쉬지 않고 먼 길 달려온 눈발이
흔들리는 창에 기대어 슬며시 귀 기울인다
바닥에 떨어진 말들
게으른 테이프 속으로 숨어든다
어둠 속에서 꽃을 피우던 여자
천천히 숲을 거닌다
낡은 말들을 만지작거리다가
달아오른 테이프 속으로 걸어 들어간다
무리 지어 날아오르는 새떼들
숨은 그림 속 풍경으로 날아든다
헝클어진 머리카락 아래 희멀건
여자의 눈동자가 흐느적거리며 떠다닌다
궂은 숲을 껴안던 더운 숨결이
떨어지는 꽃잎처럼
끊임없이 흘러내리는 새소리를 지운다

숲을 떠나지 못한 낡은 비디오테이프
낮은 목소리로
돌아갈 수 없는 어두운 숲속으로
새들을 불러들인다

저무는 한때

당신을 기다리는 허기진 저녁이
수신되지 않는 고지서처럼
붉은 보도블록 위를 흘러 다닌다
빈 택시 눈길이 깊은
등이 시린 시간은 하염없이 쌓여 간다
핏빛으로 물든 위태로운 풍경 속
기다림으로 건너야 하는 시간들
노을은 아직 보이지 않는다
부푼 어둠의 저편 흔들리는 그림자
서둘러 검은 풍경을 빠져나간다
무수한 기억이 떠도는 유리창 안
불안은 어둠처럼 번져 간다
배회하는 차가운 맨발의 클랙슨 소리
글썽이며 지나온 길을 지우고 있다
유폐된 시간을 떨쳐내며
당신의 먼 집을 향해
다시 길을 당기는 저 바퀴들
행렬이 팽팽하다

불협화음

조금씩 어긋나는,

쏟아지는 비명이
창백한 창에 걸쳐져 있다
달아나는 뜨거운 숨결
링에 매달린 푸른 말들이
파닥이며 일어선다

부서져 내리는 쉼표들을 바라본다

수심 가득한 펀치가
허공을 향해
맹렬한 속도로 달려 나간다

날카로운 지상의 시간이 빠져나가고
균형은 사라진다

일순간 글러브가 날아오른다

스카프를 두른 여인

이중 유리창 너머 흔들리는 불빛처럼
볼 붉히고 서 있는 스카프
카멜레온의 푸른 울음을 껴안고 있다
안으로 문을 건 사바나의 얼룩
흰 목덜미에 걸어놓고
꽃피는 거리로 달려 나가
수군대는 호기심을 건드린다
잠시 흘깃거리다 떠나는 발자국이
때때로 터질 듯 팽팽한 눈길을 보내고
수화로 들려주는 낮은 목소리
손닿지 않는 먼 그리움이다

아우성치는 꽃대 사이를 기어오르는
목을 잔뜩 부풀린 카멜레온
달아나는 햇빛을 긁고 있는
노랑나비의 등을 깊숙이 찌른다
들뜬 욕망에 꿈틀거리는
카멜레온의 등을 타고

달아오른 봄은 붉고 푸르게 변해갔다
풍경 안의 풍경들이 조용히 셔터를 내리고
뜨거운 계절을 꽃 속으로
비명을 지르는 여자의 목을 움켜쥔
거대한 숲이 쓰러진다

마스크

마스크가 걸어간다
마스크를 따라
불안도 서먹서먹 걸어간다

건잡을 수 없이 자라는
불안의 꽃

꽃들은 기다리지 않고
꽃들은 시들지 않는다

닫힌 문을 흔들며
질주하는 추격자들
불안한 그림자 이끌고 나는
어디론가 자꾸 달아난다

꽃들의 창백한 행렬을 따라
얼어붙은 입술들이
길 위에 꺼멓게 쌓여 있다

어둠이 나를 깨우는 동안
문득 사라지고 없는 나를 본다

잃어버린 봄

자동응답기에서
붉은 꽃잎이 쏟아져 나온다
지금은 진행 중

벽제 화장터,
영정사진 속 그 애가
흰 눈처럼 흩날리는
핏빛 비린 꽃들을 바라본다

낮은 돌담 아래 채송화처럼 옹기종기 둘러앉은 아이들, 햇살이 비켜간 골목길엔 경계를 벗어난 푸른 웃음이 출렁출렁 흘러 다닌다 두 다리로 꼭 한번 걷고 싶다던 그 애의 정지된 웃음이 봄의 옷깃을 붙잡는다 낯선 얼굴들이 스쳐간 대기소 휘청거리는 그늘이 낮은 신음 소리를 낸다 사월의 끝 땅 위에 입술 자국을 남기며 떨어지는 꽃잎, 소복한 여인들 마지막 꽃잎 속으로 걸어 들어간다

웃음소리 문신처럼 박혀 있는

낡은 흑백사진 속으로
열일곱 이름이 떠난다

아득하다

등 굽은 사내,
지나온 길을 헤아리고 있다 굽은 등을 헤아리고 있다 돌아오지 않는 사각의 방을 다독인다

알 수 없는
눈뜬 상처가 사내의 등에 걸려 있다

질긴 껍질로 남은 싸늘한 기억들

유리창 안의 사내가 유리창 밖 삐걱거리는 사각을 바라본다

난간에 매달린 몇 겹의 햇살, 너덜한 기호로 범람하는 슬픔이 굴러다닌다

익숙한 사각을 따라가는
내 발자국이 보이지 않는다

모가 난 길이 아득하다

제3부

갈고리가시선인장

꽃집 한 구석
온몸에 가시를 단 그녀가
나를 쏘아보았다
내가 눈을 맞추자
조용한 이방인처럼 앉아 있던
그녀가 내게 달려들어
내 눈동자를 거침없이 찔렀다
나는 두근거리는 심장을 내려놓고
천천히 그녀를 훔쳐보았다
수많은 꽃들에 둘러싸인
그녀는 좀처럼 웃지 않았다
기다리는 비는 오지 않고
돌아오지 않는 시간에 갇힌
무심한 눈길로
타오르는 유리창을 바라보고 있었다
오랜 망설임 끝
웃지 않는 그녀를 데려와
베란다에 걸어두었다

유리창의 풍경

유리창에 매달린 꽃들이 불안하다

미끄러운 햇살을 붙잡고

눈빛 수상한 발자국을 옮긴다

오래 숨죽이고 있던 고요

내 안에 흐느끼는 소리를 한다

멈춰 선 시간 속으로

나는 점점 가라앉는다

아득한 저편을 바라보는

기울어가는 풍경,

꽃피는 시간은 다시 오지 않는다

통증의 순간을 어루만지는

야윈 꽃들이

검은 울음을 흩뿌리며

그리운 흔적을 잘라내고 있다

잠자는 소금꽃

붉은 바다를
TV 속에 슬쩍 밀어넣는다

화면 가득
붉은 바다가 핀다

소금꽃은 피고
바다는 열려 있는데

정작
소금꽃은 보이지 않는다

여름날

땡볕 아래 서서
끝내 무너지지 않는

허공을 굴러가는 둥근 머리들
완강한 눈빛들

소란스런 기억을 떠난
무성한 바퀴 자국은 보이지 않는다

잘 익은 정오가
은밀한 시간을 가로질러 간다

숨죽인 듯 텅 빈 시간,
불꽃 터지는 소리가 멀리서 온다

유리창 저편

유리창을 때리며
방향도 없이 눈보라가 몰려온다
저 무수한 떨림의 파편,
오랜 신음 끝에 다다른 길을 찾아
후줄근한 얼굴을 한 사내들이
단단한 밤의 문을 열고 들어간다
팽팽하게 달려온 눈보라 흐릿한 불빛을 끌어당겨
수척한 삶의 조각들을 내려놓는다
조금씩 깊어지는 어둠이
긴 밤의 어깨를 어루만지며 흘러내린다

아득한 침묵이 떠도는 유리창 저편,
흐느끼듯
흰 블라우스 여인의 뒷모습이 사라진다
여인의 뒷모습을 휘젓던
어깨 기웃한 사내,
흔들리는 눈빛으로 사라진 방향을 보고 있다
기억할 수 없는 모난 이야기들이

흰 눈꽃이 되어
투명한 유리창을 향해 뛰어든다
무심한 듯 지나가는 눈보라
모서리가 휘어진 유리창을 때리고 있다

저녁이 돌아온다

눈뜬 통증이 지나간다
울음을 머금은 흰 뼈들이 가지런하다
마침내 무너지는 뼈 부스러지는 소리
상처 깊은 저녁이 돌아온다

빠르게 돌아눕는 오래된 침묵
옛날을 바라보는 시선은 팽팽하다
그리움이 깊어진 저 서러운 몸짓
귀먹은 시간이 지나간다
반투명 유리창에 흘러내리는 낯선 눈빛
어긋난 시간은 지루하다

하얗게 쌓인 말의 부스러기들이
수줍게 걸어 나온다
어둠은 상처 난 뿌리를 껴안고
잠들어 있다

낮은 곳에서

슬픔을 쏟아내는 소리가 들린다

낡은 그림자를 끌고 오는 탑이 있다

꽃피는 TV

TV에서 꽃이 핀다 끊임없이 나를 훔치는 당신, 고정된 채널은 칼날처럼 지나가는 시간의 허기를 털어낸다 번식하는 당신의 입술은 붉고 맹렬하다 단단한 약속처럼 당신의 시선은 한쪽으로 기울어져 있다 아직 내 것이 되지 못한 것들이 부풀어 오른 욕망을 따라 바쁘게 허공을 넘나든다 깊게 박힌 숫자들은 꿋꿋하다 정지된 화면에서 다시 꽃이 피어난다 나는 꽃을 향해 달려간다 바닥에 고인 부스러기 말들이 붉게 물든다 우수수 떨어지는 꽃잎들, 검게 변한 당신의 시간이 떠나고 있다 흔들리는 채널의 기억, 감금된 시간에서 나는 빠져나간다

벽보 속으로

쓸쓸한 빗줄기가 벽에 꽂힌 쉼표를 뽑아내고 있다 팽창된 눈동자가 쏟아져 내리고, 산발한 꽃들이 여기저기 흩어져 있다 열린 귀를 세운 빗줄기가 굳게 입 다문 벽 속으로 들어간다 찢어진 생각들 각을 세우며 일제히 날아오른다 비를 삼킨 꽃들은 번잡한 시간에 박혀 있다 기울어진 표정들이 멈칫거리며 흩어진다 뱉어내지 못한 말들은 점점 무너져 간다 벽보 속으로 사라진 그림자가 보이지 않는다 틈새가 깊은 비를 따라가는 검은 우산의 행렬이 보인다

사각의 풍경

전시장 벽에 꽃들이 박혀 있다
단단하게 뿌리내린
한낮의 풍경,
액자 속 정원은 꿈속이다
탈옥을 꿈꾸는
고요에 갇힌 꽃들이
얼어붙은 유리창을 향해 달려든다
입 다문 저 완강한 저항
팽팽한 시선을 잡아당기는
아우성치는 풍경들이 일어선다
삽시간에 밀려드는 붉은 물결
토라진 시간이
놓친 꽃 앞에서 진저리를 친다
출렁이는 벽을 빠져나온
멀어져 가는 시간
깊게 꽂힌 얼룩은 점점 커져 간다
조금씩 기울어지는
지워지지 않는 그림자들

하얗게 솟아오르는 울음을 다독거린다
문득 꽃들은 사라졌다
빈 벽은 사각 너머에 있다

우리들의 계단

지하철 환승역,
수많은 우리들이 계단에 가득하다
살아 펄떡이는 물고기들처럼
대열을 따라 계단을 흘러다닌다
꼬리지느러미로 오르내리는
무표정한 얼굴들
푸른 물이 뚝뚝 흘러내리는
거침없는 아가미들의 행진은 계속된다
먼 길 돌아온 허물어진 시간
어두운 기억의 흐느낌을 따라
거친 파랑을 향해 달려간다
여기저기 비늘을 털며 쏟아져 내리는
검은 물빛에 잠겨 허둥대는 불씨들
외마디 비명을 지르며
거친 물살에 내던져진다
혼자 흔들리는 슬픔이
얼어붙은 포말을 삼키며
내 몸속을 마구 헤엄쳐 다닌다

무수한 파도에 떠밀려 오가는 환승역,
우리들의 목덜미를 휘감는
계단의 한쪽 어깨가 기울어져 있다

바겐세일

목마른 꽃들이 무리를 지어
한낮의 행렬 속으로 걸어 들어간다
고개 숙인 공복의 계절이 다가오면
입술이 부르튼 그녀의 구두는
일탈을 꿈꾸다 자주 길을 잃고,
무성한 가지를 쳐내듯
거품의 소용돌이를 몰고 온다
유리창 안 오래 흔들리던
묵은 상처도 만장처럼 내걸린다
한 물결이 또 다른 물결을 일으키듯
열에 들뜬 지상의 꽃들이
먼 꿈을 앓으며 거리를 활보한다
바람의 거친 숨결은
유효기간이 지난 시간을 털어내기에 분주하다
짓무른 복숭아처럼 녹기 시작하는 햇살
빠르게 낡은 구두를 관통한다
메마른 풍경 속
상처 난 발목이 보이지 않는다

지하철 풍경

가지런한 숨결은
권태로운 풍경에 매달려 있다
검은 숲에 갇힌 발자국들은
지나온 흔적을 지우며 흩어져 간다
비린내 흘러 다니는 유리창에
몇 개의 기호로 남은 얼굴들이
하얗게 박혀 있다
오래된 슬픔을 껴안은,
깊숙이 감춰둔 차가운 말들
출렁거리는 시간으로 분주하다
수상한 바람이 지나간다
흔적처럼 남은 구부러진 어제가
비늘을 세운 아침을 끌고 온다
팽창하는 오늘의 무게에 짓눌린
허기진 시간이 바닥에 널브러져 있다
익숙한 풍경을 끌어당기던
지하철에 갇힌 사내
무심히 유리창을 바라본다

철길에 관한 기억

차고 단단했던 기억들
축제는 끝났다

기울어지는
내 몸이 떨어져 나가는 소리

터질 듯
굳어가는 심장 속으로

실족하는 생각들이
불안한 소용돌이에 빠진다

나는 나를 조금씩 가라앉힌다

두려움도 없이
떠다니는 위험한 입술들

통곡하는 울대가

붉은 아우라를 지나간다

희고 단단했던 기억들
나는 사라지고 없다

두근거리는 비

정오를 지나가는
수직의 행렬은 계속된다

우산 속 얼굴은 우산 속에 있다

대열을 좇아가는
흔들림 없는 빗방울의 적멸

어제와 다른 풍경이 두근거리며 서 있다
두근거리는 비, 비, 비

얼굴은 없고,
둥근 흔적들이
보도블록에 갇혀 있다

무거운 구름의 그림자
통증 앓는 꽃들이 지고 있다

검은 우산 아래

불어터진 왼쪽 어깨가 쓰러져 있다

퀵서비스

응급실과 퀵서비스 사이에
붉은 시간이 가파르다

밀어닥치는 응급환자처럼
숨 가쁜 기억을 떨치며
어디론가 달아나는 오토바이,
바퀴들이 쓰러진다

아우성치는 불빛을 어루만지는

흰 가운 아래
뛰어다니는 그림자,
경계를 넘나드는 손길이
분주하다

거친 숨결을 끌고 가는
퀵서비스,
헝클어진 머리카락 쓰다듬으며

낯선 풍경 속으로 들어간다

붉은 신호등 앞
오토바이 굉음이 사라진 자리에
창백한 말들이 쌓여간다

질주하는
퀵서비스 붉은 시간이
무더기로 피어나고 있다

그 여자

여자의 그림자는
무거운 밤을 떠나지 않고 있다
앙다문 굳은 입술은
해독할 수 없는 낙타의 꿈에 머문다
조용히 말라가는 얼룩
추락하는 어둠을 부려놓는다
여자를 에워싼 모래의 시간이
두 벽 사이에 갇혀
날마다 불온한 탈출을 꿈꾼다
돌아갈 수 없는 음울한 시간을 따라
몸 부르르 떠는 꽃들이 지고 있다
흐느낌도 절규도 없이
마주보는 세상의 신음 쪽으로
돌아누워 있던 그 여자
그림자가 보이지 않는다

밤새 그 여자는
모래를 토해내고 있다

제4부

미타암 가는 길

미타암을 찾아 갔네
푸른 비늘을 떨쳐낸 나목들이
서로 어깨 부비며
느린 안단테 소리를 내고 있었네
진눈깨비 잘게 흩어지는
오리나무 사잇길로
내가 찾아갈 작은 길이 보였네
겨울 햇살은 서둘러 숲을 떠나고
이름 잃어버린 낡은 잎들이
뿌리를 찾아 길 떠났네
겨울 산 넘어온 발자국들
내 발길이 따라 갔네
산길 아래 무너져 내리는
돌들의 아우성이
나를 흔들어 깨웠네
내가 찾던 무릉도원은
어디에도 보이지 않았네

도마 일기

칼날을 어루만지던
시간이 멈췄다

알몸으로 내던져진 서늘한
기다림의 끝
어긋난 시간에 매달려 있다
깊이를 알 수 없는 울음이 고인
고단한 기억의 배후에는
삐뚤어진 입을 빠져나온
깊은 그늘의 신음 소리가 있다

걷잡을 수 없는 건조한 시간은
숨죽인 벽화처럼 단단하다
떠나지 않는 실금의 흔적들
얼어붙은 불안의 시간을 내팽개쳤다
살아있는 것들의 긴 울음이
한꺼번에 쏟아져 나오는
옅은 비린내

상처 난 꽃,

아직은 싱싱하다

편의점은 고요하다

검은 불빛에 시달리는
눈 어두운 무리들,
잠 잃은 짐승들이 밤을 지나간다

아직 도착하지 않은
내 안의 단단한 약속은 유효하다

어디로 와서
어디로 갈지 모르는
채워지고
비워지는
위험한 신호들이
진열대 위에서 기지개를 켜고 있다

잠꼬대가 부서지고 경련하는
편의점은 고요하다

폐기처분 되지 못한 시린 풍경이

천천히
밤을 끌고 간다

주문하지 않은 밤이 울고 있다

낡은 트럭

느린 걸음으로
공원 광장을 배회한다

일용근로자 김씨 낡은 가방 옆구리에 낀 채 깊은 그늘을 따라간다 찢어진 구인 광고 사이로 내팽개쳐진 마음의 불씨들이 천천히 고개를 든다 오랜 시간 유배시켜 둔 몇 개의 이름 사이로 불안한 시선이 흔들린다 갈 곳 없는 풍경 속, 무심히 번져가는 눅눅한 슬픔이 물안개처럼 흐릿하다 검은 새떼들 날아오르는 공원에서 오후의 어깨가 점점 기울어진다

햇살 아래 쓸쓸히 등 말리는 사람들, 잠시 구겨진 길을 내려선다 녹슨 철조망 타고 여기저기 잰걸음으로 피어오르는 붉은 장미넝쿨 곁 시동 꺼진 낡은 트럭이 기울어져 있다

흔들리는 방

주민게시판 틈새로 빗물이 스며들고 있다
해독할 수 없는 후줄근한 생이
차가운 벽에 꽂혀 비린내를 풍긴다
허공을 딛고 무수히 피어나는 꽃들,
더듬이를 세운 방들이 낯선 이름을 부르며 달려 나간다
날마다 끈질기게 늘어나는 저 뜨내기 가족들,
전세와 월세는 오래된 약속처럼 부풀어 오른다
속을 다 드러낸 방들이 길바닥 곳곳에 쓰러져 있다
떠도는 발자국들이 아득한 얼음의 시간을 지나간다
유효기간 지난 시간을 털어내듯 무너져 내리는 빗방울들,
흘러가는 풍경 속 풍경이 된다
먼 길 돌아온 가시 달린 숫자들이 빈 꽃을 더듬고 있다

떨림

동백꽃 그림자를 지나온
바람 소리가 붉다

화엄사 삼층석탑
고요를 깔아놓은 긴 이야기 듣는
상처 입은 꽃들이
무릎을 곧추세운다

서러운 발자국 소리인 듯
닫힌 문을 두드리는
내 안의 울렁거림을 듣는다

서로의 침묵을 껴안은
눈빛으로 건너야 하는
슬픔의 뿌리는 깊어만 간다

혼자 붉은 바람의 숨결에
무너지듯 몸을 내던지는 꽃잎들

그 아득한 떨림

붉다

꽃꽂이하는 오후

그녀의 거친 손가락을 따라 간다

어지럽게 쏟아져 내리는
붉은 꽃잎들,
떨림을 껴안은 차가운 시간을
잘라내고 있다

깊게 고여 있는
단단한 가시들의 숨결
일제히 일어서서
출렁이는 무성한 행렬을 바라본다
검푸른 시간을 끌어당기는
경쾌한 떨림,
제 안의 상처로 남아 흔들리고 있다

흐느낌도 슬픔도 없이
검은 숲으로 떠나는 꽃잎들
범람하는 어둠에 갇혀

냉기 품은 통증을 달랜다

무수한 떨림을 잠재우며
낯익은 계절 속으로 서둘러 피어나는
저 꽃잎들

흔들림에 대하여

웅크리고 있던 울음은
더 이상 울음이 아니다
울음은 거대한 숲에 갇혀 있다

열리지 않는 문 앞에서 비명을 지르는
지루한 꽃들이 떨어져 내린다

아무도 모르는
울음은 깊이를 모른다

순식간에 흔들린
울음은 부서졌다
길이 보이지 않는다

돌아갈 수 없는 흔들리는 발자국
깊은 울음을 껴안고
울음 속에 서 있다

몇 층의 바다

나른한 침묵 속 작은 바다
얼어붙은 수족관을 들여다본다

유리벽 속에 갇힌 아가미들은
지금 안거 중이다

거친 물결을 뚝뚝 썰며
출렁이는 파도를 게워내며
질주하는 욕망을 잠시 내려놓고 있다

푸른 이마를 감춘 몇 층의 바다
오래 피멍든 마음을
낯선 시간 밖으로 밀어낸다

붉은 피 낭자한 도마 위로
눈 부릅뜬 성난 바다가
거친 지느러미를 쏟아낸다

축제일

검은 부츠가 지나간다
때 묻은 시간을 끌고 간다

바람을 압박하는
알 수 없는 내력
바람은 쉴 새 없이 지워진다

표류하는 소음이
텅 빈 바람을 관통한다

긴 목을 둘러싼 거대한 암호가
오랜 시간
바람을 읽고 있다

예감할 수 없는 시간의 부스러기들이
여기저기 쓰러져 있다

바람이 어디로 가는지

아무도 모른다

검은 부츠가 보이지 않는다

낡은 수첩

낡은 수첩 속으로 들어간다
허물 벗지 못한 오래된 시간들이
실핏줄처럼 빼곡하게 박혀 있다
낡은 수첩에 갇힌 무성한 날들은
차갑거나 울퉁불퉁하다
그리움을 매단 낯익은 흔적들은
경계 저편으로 사라지고 없다
길을 잃고 헤매던 시간들이 아득하다
흔들릴수록 더 깊이 가라앉는 풍경들
한 생애는 끝나고,
온기가 사라진 낡은 수첩 속에서
거친 숨결이 쏟아져 나온다
차단기가 내려진 건널목
생의 한 끝을 잡아당기던 아버지의 시간이
시퍼렇게 눈뜨고 있다
절뚝이는 길목과 길목 사이
하얗게 질린 얼굴들이
알 수 없는 기호로 뒤엉켜 있다

수첩을 빠져나온 표류하는 문자들이
낯선 이름을 지워가고 있다

바양고비 사막

검은 비늘을 휘감고
낙타 한 마리 어둠 속에 쓰러져 있다
모래를 뒤집어쓴 시간은
휘청거리는 오늘을 떠메고 잠든다
낙타의 등에 달라붙은
지친 별들의 파편
붐비는 모든 것들이 흩어지는 밤
거침없이 다가오는 반복되는 소리
숨죽이고 있는 불안을 깨운다
내 안의 목마른 시간을 휘젓는
벗겨져 나간 신발은
차가운 바닥에 뒹굴고 있다
밤 외출에서 돌아온 부푼 어둠들
차오르는 밤의 숨결을 따라 깊어져 간다
오랜 시간 나를 끌고 다닌
끈끈한 피로의 흔적들
삐걱대는 풍경을 빠져나간다

사막 어디에도
몸부림치는 낙타는 보이지 않는다

얼룩

귀퉁이 잘린 벽지를 밟으며
달빛이 지나간다

마른 갈대 소리 쓸려간 자리마다
푸른곰팡이들이 날아오른다

벽 속으로 들어간
그가 보이지 않는다

달빛이 지나간다
버려진 달빛들이 지나간다

핏기 없는 벽을 긁어낸다

녹슨 못의 잘려나간 상흔이
빤히 고개 내밀고 있다

흩어지지 않는 벽,

굳은 달빛이 일어선다

벽에 갇힌 나를 바라보는
저 달빛들,
달빛이 지나간다

어부네 집

바닷길을 따라 갔다 나를 이끌고 온 길이 횟집 간판들 사이로 사라진다 삐딱하게 걸려 있는 비닐 문을 열면 저문 눈빛으로 바다를 바라보는 수족관이 있다 소금기 번져간 자국마다 오래된 이끼가 유리문에 문신을 새긴다 먼 바다로부터 떠밀려온 물고기들, 두리번거리는 눈과 마주친다

거친 물살을 가르며 자맥질하던 물고기들 방향을 잃고 튀어 오른다 수평선을 끌어당기던 고요가 허공 속으로 뛰어든다 뒤엉킨 그물 사이 폐선에 오르지 못한 잡어들 숨 헐떡이며 바다 속으로 내던져진다 마지막 그물을 입에 문 파도가 길을 내어주는 동안 흔들리는 뱃머리에서 빈집 지키는 바다의 울음소리를 듣는다

저물 무렵 불빛을 좇아 지친 발자국들 모여든다 날렵한 칼등으로 젓가락 사이 푸들거리는 바다를 찍어낸다 단단한 기억들이 회를 썰듯 내 마음까지 뼈째 칼질한다 핏빛 품은 상처들은 비늘처럼 떨어져 나가고 바닥에 떨어진 붉은 말들 비틀거리며 길을 나선다

해설

시적 세계를 보는 호기심의 양상

유병근 시인

1.

시를 쓴다는 것은 시적 대상과의 끈질긴 호기심과의 교감이다. 대상은 그 속청을 들키지 않으려 감추되 시인은 그 속청을 드러내어 밝히고자 한다. 이런 상호교감에 의하여 대상은 또 다른 대상의 표정을 드러낸다. 시인에 의하여 발가벗겨진 대상이지만 그것은 시인에 의하여 새로운 모습으로 재탄생되는 대상임을 알 수 있다.

시인을 흔히 창조자라고 하는 말의 저변에는 시인에 의하여 모든 대상은 그가 이미 가지고 있던 표정을 떠나 또 다른 표정으로 탈바꿈되기 때문이다. 한으로 대상은 오늘을 떠나 내일 다시 다른 모습으로 선을 보이는 아름다움을 갖는다.

그런 점에서 시인은 시의 세계에서 나름 새로운 개성을 갖는 창조주의자다. 시인이 진술/해부하는 대상은 시인 송향란의 세계이며 아무도 함부로 침범할 수 없는 독자적인 영토이다. 그 영토에 세운 시의 영역을 찾아 음미하려는 것이 이 글의 짧은 의도이기도 하다.

시인 송향란은 작품 「꽃」에서 시적 대상이 시인의 영토에서 어떻게 성장하고 익어 가는가를 여실히 보여준다. 이는 시인이 갖는 일종의 표현 행위로 볼 수 있다. 중국의 미학자 이중텐(履中天)은 『미학강의』(2006/김영사/곽수경 옮김)에서 "표현의 '표'는 내적인 것을 외적인 것으로 변화시키는 것이고, '현'은 볼 수 없는 것을 볼 수 있는 것, 혹은 감지할 수 있는 것으로 변화시키는 것"이라고 한다. 시를 표현한다는 것은 대상의 내부에 있는 볼 수 없는 것을 볼 수 있게 하는 작업임을 알 수 있다.

내 몸속으로
불을 머금은 눈빛이 쏟아져 들어온다
기웃거리는 입술의 바깥쪽이 어둡다

빈 찻잔에 마지막 언어, 실종된 어제는 보이지 않는다

흔들리는 마음 저편, 경계는 무너져 간다

나를 읽고 있는

발 시린
탐색은 아직도 진행 중이다

—「꽃」 부분

"불을 머금은 눈빛"이며 '보이지 않는 실종' "발 시린/탐색" 등으로 읽을 수 있는 대목에서 시를 위한 참신하고 꾸준한 표현을 위한 노력임을 엿볼 수 있다. 이와 같은 노력의 결실이 시집 『오후 두 시를 건너가는 비』로 대이나는 것은 의미 있는 일이다. 왜냐하면 그것은 시인이 갖는 시적 열정을 의미하는 부분이며 그 오롯한 소망이기 때문이다. "아직도 진행 중"인 탐색은 앞으로 더욱 의미 있는 시의 도정을 밝히고 있음이 분명하다.

시는 역사 이전의 언어라는 말을 《사이펀》 창간호 대담에서 필자가 서툴게나마 진술한 바가 있다. 이는 시적 상상력을 두고 말한 것임은 물론이다. 시는 역사 이전과 이후를 자유자재하게 드나드는 상상력의 힘을 입어 더욱 폭넓은 시적 세계로 이르는 것은 말할 나위도 없다. 그런 점을 시인 송향란은 작품 「꽃」을 통하여 여유 있게 시적 세계를 분명히 밝히고 있음이 믿음직스럽다.

시의 효용성을 두고 왈가왈부한다는 것은 가령 놀빛을 두고 이러니저러니 우리 삶과 연결시키려는 것과 같지 않을까. 아침놀빛과 저녁놀빛의 아름다움에서 아침은 희망을, 저녁무렵의 놀빛은 절망을 갖는다고 의미부여를 하는 것은 뻔하고 식상한 발언이 되겠다. 아침이든 저녁이든 그 놀빛이 갖는 눈부신 아름다움에서 삶의 의욕이랄까 충만함이랄까 그런 것을 갖는 것은 당연하다. 하지만 놀빛이 스러진 다음 빈하늘만 남는다. 인간은 그 빈 하늘에 새로운 놀빛이 태어나는 것을 보고자 한다.

시는 그 놀빛이다. 한 편의 시, 한 권의 시집을 읽은 다음 가슴에 타오르는 놀빛현상과 만나는 것은 그지없는 희열이다.

꽃집 한 구석
온몸에 가시를 단 그녀가
나를 쏘아보았다
내가 눈을 맞추자
조용한 이방인처럼 앉아 있던
그녀가 내게 달려들어
내 눈동자를 거침없이 찔렀다
나는 두근거리는 심장을 내려놓고
천천히 그녀를 훔쳐보았다
수많은 꽃들에 둘러싸인
그녀는 좀처럼 웃지 않았다

기다리는 비는 오지 않고
돌아오지 않는 시간에 갇힌
무심한 눈길로
타오르는 유리창을 바라보고 있었다
오랜 망설임 끝
웃지 않는 그녀를 데려와
베란다에 걸어두었다

—「갈고리가시선인장」 전문

눈빛이든 꽃이든 그 아름다움은 시인의 마음을 흔든다. 흔들리는 마음속에 흔들리는 눈빛이 있고 흔들리는 꽃이 있다. 아름다움은 마음을 흔드는 일종의 충격이다. 꽃은 마음을 흔들고 마음은 꽃을 흔든다고 할까. 흔들림은 걸러내는 일이다. 체를 흔들어 알갱이를 걸러내듯 하는 일이다. 꽃을 흔들어 꽃 속에 잠긴 "이방인처럼 앉아 있던/그녀"를 걸러내고 "웃지 않는 그녀"를 걸러내는 일이다. 그렇게 함으로써 대상은 보다 참신한 모습을 갖고 시에 보다 특이한 면을 드러내는 결과가 된다.

꽃집에서 '갈고리가시선인장'이 마음에 들어 사 온다. 꽃은 좀처럼 웃지 않는다. 웃음을 잃어버린 꽃을 "데려와/베란다에 걸어두"는 시인의 심중에는 꽃을 보는 심미안이 들어 있다고 할까. "나를 쏘아보"는 꽃에게 "눈을 맞추"게 된 것은 그 꽃의 마음과 화자의 마음이 이미 서로 통하고 있음이다.

시인이 갖는 심미안의 표출이 '갈고리가시선인장'에 꽂힘은 어쩔 수 없다. 이 또한 인연이며 도저한 표현 행위랄까.

2.

시작 행위는 말할 나위도 없이 풍경을 찾아 이를 기표하는 일이다. 풍경을 찾는 시인에게 대상은 그 내면을 열어 보여 준다. 시인은 보이는 것만이 아닌 보이지 않는 것을 탐구하는 자이기 때문에 열린 내면을 기표하려는 도저한 욕구를 갖는다.

풍경을 열려 있는 풍경과 닫혀 있는 풍경 등으로 나눌 수 있다면 어떨까. 열려 있는 풍경은 어제나 오늘 그리고 내일 또한 동일한 풍경으로 읽힌다. 하지만 닫혀 있는 풍경은 그것을 탐구하려는 이목에 따라 풍경의 모습이 달라지게 된다. 시인은 이 달라지는 풍경을 찾아가는 탐구자임은 틀림없다. 만약 열려 있는 풍경만을 찾는다면 너무나 뻔한 것만이 떠오르기 때문에 천편일률인 시가 도처에 깔릴 것이다.

시인 송향란은 "정오를 지나가는/수직의 행렬은 계속된다"(「두근거리는 비」)에서 내리는 비를 말한다. "수직의 행렬"이란 빗줄기가 떨어지는 수직의 모양새를 포착하고 있는 점이 눈에 띈다. "어지럽게 쏟아져 내리는/붉은 꽃잎들,/떨림을 껴안은 차가운 시간을/잘라내고 있다//…중략…//흐느낌도 슬픔도 없이/검은 숲으로 떠나는 꽃잎들/범람하는 어둠에 갇혀/냉기 품은 통증을 달랜다//무수한 떨림을 잠재우며/낯익은 계절 속으로 서둘러 피어나는/저 꽃잎들”(「꽃꽃이하는 오후」)에서 보는 것처럼 시인은 이런저런 풍경을 찾아 이를 기표하는 노력을 꾸준히 기울인다.

풍경을 따라
천천히 움직이는 풍경들

—「가벼운 휴식」 부분

깨진 유리창으로
투명하지만
낯선 풍경이 보였다

텅 빈
그림자를 지우며
거대한 암벽이 쓰러져 있다

아무도 보이지 않았다

깊이 가라앉은 풍경,
풍경 밖의 풍경은 길을 잃었다

—「풍경에 기대어」 부분

풍경도 당연히 동(動)과 정(靜)이 있다. 고정되어 있는 것이란 아무것도 없다. 하기에 움직이는 풍경이다. 저쪽 풍경을 찾아 이쪽 풍경이 움직인다. 움직이지 않는 풍경은 못에 박힌 듯 고정되어 있다. 경치 좋은 풍광을 보고 아름다운 풍경이라고 하는 것은 그 아름다움을 찾아 사람들이 움직이니까 풍경도 따라서 이동하는 풍경이 된다. 움직임은 살아있음을 말한다. 움직이지 않는 풍경은 일회성에 지나지 않는 풍경이 된다. 다양성이란 것이 없는 풍경은 한번 보는 것으로 끝나기 쉽다.

단순함에서 벗어나고자 자연도 철따라 새로운 모습을 보여준다. "낯선 풍경"은 "텅 빈/그림자를 지우며/거대한 암벽이 쓰러"진 모양새를 보여준다. 쓰러진 밖에서는 쓰러진 풍경을 볼 수 없다. 하기에 "길을 잃었다"고 진술한다. 길을 잃은 인간군상, 그러고 보면 사람도 풍경이 되어 풍경 이쪽에서 저쪽의 풍경을 찾아 움직이지 않는가.

나른한 침묵 속 작은 바다
얼어붙은 수족관을 들여다본다

유리벽 속에 갇힌 아가미들은
지금 안거 중이다

거친 물결을 뚝뚝 썰며

출렁이는 파도를 게워내며
질주하는 욕망을 잠시 내려놓고 있다

푸른 이마를 감춘 몇 층의 바다
오래 피멍든 마음을
낯선 시간 밖으로 밀어낸다

붉은 피 낭자한 도마 위로
눈 부릅뜬 성난 바다가
거친 지느러미를 쏟아낸다

—「몇 층의 바다」 전문

풍경도 저항한다는 구절을 생각할 수 있는 이 시편에서 풍경은 얌전하게 사람의 구경거리로만 있지는 않는다. 때로는 저항하는 몸짓을 한다. "오래 피멍든 마음을/낯선 시간 밖으로 밀어낸다//붉은 피 낭자한 도마 위로/눈 부릅뜬 성난 바다가/거친 지느러미를 쏟아낸다"고 하는 부분에서 풍경인 수족관의 꿈틀거리는 저항성을 읽을 수 있다.

아름다운 것만이 풍경은 아니다. 경치가 좋다고 하는 풍경의 사전적 의미는 세계의 모든 양상에게로 확대 해석되어야 할 것이다. 처절한 전쟁터에 쓰러진 시체도 풍경이 된다고 볼 때 풍경은 보다 넓은 의미로 추구되어야 한다. 산수경만이 아닌 피비린내 나는 참혹한 현장도 일종의 풍경으로 볼이

될 때 시의 진폭이란 것이 진일보할 것이다.

> 닫힌 유리창 안에서 여자가 목이 쉰 빗줄기를 바라본다 수심에 묶인 발자국을 따라가던 오래된 말들은 창을 넘지 못한다 지나가는 풍경도 걸려 있다 창밖 플라스틱 의자에 기다리던 꽃이 피어난다 꽃은 여자를 에워싼다 시간 밖으로 피는 것은 아무것도 없다 오후 두 시를 건너가는 비, 잠시 나른한 허공을 휘젓는다 삐걱거리던 소리들이 천천히 사라진다 점점 부풀어 오르는 말, 휘청거리는 물방울들이 튀어 오른다 우산 위로 우산이 쓰러진다 수소문할 수 없는 말들이 한꺼번에 쏟아져 나온다 빗속으로 스며드는 그녀의 수다는 계속된다 나는 나를 지우며 어느새 비를 쫓아가고 있다 끊임없이 지쳐가는 비, 비의 행간
>
> ―「오후 두 시를 건너가는 비」 전문

비를 모티브로 하는 심상 풍경이다. "목이 쉰 빗줄기를 바라"보는 여자의 눈에 어리는 비 오는 날의 풍경은 마음 밖에서 오고 마음 안에서도 온다. 비 오는 소리는 그런 이중성을 갖는다. 아니 비를 보는 시인의 눈에 비는 "휘청거리는 물방울들이 튀어 오"르는 풍경이다. 시인에게 환상은 자유다. 시인은 어느 것에서도 구속당하기를 마다한다. 그런 자유분방함이 시의 길이라면 시인은 진정한 자유주의자다. 그 자유는

물론 풍경을 풍경답게 응시하는 시인에게서 나온다.

토라진 시간이
놓친 꽃 앞에서 진저리를 친다
출렁이는 벽을 빠져나온
멀어져 가는 시간
깊게 꽂힌 얼룩은 점점 커져 간다
조금씩 기울어지는
지워지지 않는 그림자들
하얗게 솟아오르는 울음을 다독거린다
문득 꽃들은 사라졌다
빈 벽은 사각 너머에 있다

—「사각의 풍경」 부분

가지런한 숨결은
권태로운 풍경에 매달려 있다
검은 숲에 갇힌 발자국들은
지나온 흔적을 지우며 흩어져 간다
비린내 흘러 다니는 유리창에
몇 개의 기호로 남은 얼굴들이
하얗게 박혀 있다
오래된 슬픔을 껴안은,
깊숙이 감춰둔 차가운 말들

출렁거리는 시간으로 분주하다
수상한 바람이 지나간다
흔적처럼 남은 구부러진 어제가
비늘을 세운 아침을 끌고 온다
팽창하는 오늘의 무게에 짓눌린
허기진 시간이 바닥에 널브러져 있다
익숙한 풍경을 끌어당기던
지하철에 갇힌 사내
무심히 유리창을 바라본다

—「지하철 풍경」 전문

커다란 풍경 속에는 울음을 다독거리는 파편적인 풍경이 있다. 기울어진 풍경과 차가운 풍경도 있다. 이러한 풍경들을 보는 시인의 눈은 쓸쓸하고 허기진 풍경의 모습, 외톨이가 된 풍경에 더욱 쓸쓸해 한다. 풍경을 추구하는 시적 정신은 이 세계의 모든 풍경을 자잘하게 썰어댄다. 그것은 시적 대상을 참신하게 보고 이를 표출하려는 도저한 시정신으로 말미암아 이루어진다.

대상을 아끼고 이를 쓰다듬고 다시 새 대상으로 몸 바꾸기를 시도하려는 시인이 갖는 시정신은 하나의 대상에서 다른 대상으로 변주하려는 부단한 노력을 아끼지 않는다. 그것은 시적 다양성을 시도하고 거기서 더욱 폭넓은 시의 세계로 지향하려는 의지가 돋보인다고 하겠다. 대상은 시인에 의하여 새로워진다는 것을 인식할 때 시인의 책무는 보다 의미 있고 보다 보람 있는 점으로 각인된다는 것을 알 수 있다. 그러나 이 시대정신을 읊는 시인은 결코 만족스러움만이 아닌 세계에 대한 불안감을 감추지 못한다.

3.

시인을 일컬어 시대정신의 표상이라고 한다. 함으로 시인이 활발한 사회는 활력이 넘치는 사회임을 알 수 있다. 반대로 시인이 죽은 사회는 희망이 없는 사회다. 왜냐하면 시인에 의하여 사회의 가장 기본인 언어활동의 다양성이 이루어지기 때문이다. 그런 점에서 시인은 언어 창조자로서의 몫을 한다고 하겠다.

제 몸속에 박힌 무수한 가시들
제 몸 열어
뽑아내기까지 얼마나 많은 시간을
흘려보내야 하는지,
마른 시간을 지나
그동안 내가 박은 가시는
길을 잃고 어디에 박혀 있는지,

「가시가 있는 풍경」 부분

마스크가 걸어간다
마스크를 따라
불안도 서먹서먹 걸어간다

건잡을 수 없이 자라는 불안의 꽃,

—「마스크」 부분

탁자 위로 컵이 쏟아진다 끈적거리는 시간이 지나간 흔적들, 컵은 비어 있다 낡은 벤치를 기웃거리는 바람 소리가 깊다 나는 너의 손 안에 있고 너의 손은 보이지 않는다 갈색 포트 위로 끓어 넘칠 듯 달아나지 못한 불안이 엎질러져 있다 우울증 앓는 얼룩의 시간이 쓰러져 있다 어둠이 쇼윈도 검은 불빛을 따라 흘러내리는 아무도 오지 않는 저녁, 무심한 시선을 따라가는 내가 보인다 어느새 컵은 사라지고, 멀리 커피전문점 간판이 떨고 있다

—「컵이 있는 저녁」 전문

세계는 우울하고 불안하다. "제 몸속에 박힌 무수한 가시"와 함께 사는 현대인의 인간상이라면 어떨까. 그런 인간상은 "건잡을 수 없이 자라는 불안의 꽃"이 되어 "마른 시간을 지나/그동안 내가 박은 가시"를 모르고 사는 현대인의 양상을 본다. 자아상실의 시대를 사는 현대인의 가면을 연상케 하는 구절이다. 하기에 "달아나지 못한 불안이 엎질러"진 시점에

서 현대인은 가면놀이를 하고 있다.

시는 천변만화하는 구름이다. 어느 나라의 지도 같은가 했더니 금방 날아가는 새의 대열을 짓는다. 흘러가는 강물, 출렁이는 물결 소리가 들리는 것 같다. 가만 보고 있어도 어느새 표정을 싹 바꾸는 구름 속으로 깊은 바다가 잠기고 거대한 용이 날아간다.

시는 시적 대상을 향한 호기심의 연쇄반응이다. 시인 송향란 또한 그렇게 말하고 있는 것을 그의 시 속에서 읽는다. 의미 있는 일이다.

이 도서의 국립중앙도서관 출판시도서목록(CIP)은 서지정보유통지원시스템 홈페이지(http://seoji.nl.go.kr)와 국가자료공동목록시스템(http://www.nl.go.kr/kolisnet)에서 이용하실 수 있습니다.(CIP제어번호: CIP2017026171)

문학의전당 시인선 0270

오후 두 시를 건너가는 비

초판 1쇄 인쇄 2017년 10월 12일
초판 1쇄 발행 2017년 10월 19일
지은이 송향란
펴낸이 고영
책임편집 서윤후
디자인 헤이존
펴낸곳 문학의전당
출판등록 제2017-000002호
주소 서울시 마포구 마포대로 11길 91, 3층
전화 02-852-1977 팩스 02-852-1978
전자우편 sbpoem@naver.com

ISBN 979-11-5896-343-9 03810

* 이 시집은 2017 부산문화재단 지역문화예술특성화지원사업의 보조를 받아 제작되었습니다.